RÉFLEXIONS

ET

VŒU D'UN FRANÇAIS.

Ce que j'ai cru utile, je l'ai écrit ; si
je me suis trompé, l'oubli de tous ven-
gera l'ennui de quelques-uns.

PARIS,

C. PAINPARRÉ, LIBRAIRE,
PALAIS-ROYAL, GALERIES DE BOIS, N°. 250.

1821.

IMPRIMERIE DE FAIN, PLACE DE L'ODÉON.

RÉFLEXIONS

ET

VŒU D'UN FRANÇAIS.

L'OPPRESSION commence les révolutions ; la ré-
sistence les alimente, l'anarchie les suit, l'ambition les exploite ; le despotisme né de la
lassitude, les comprime jusqu'à ce qu'une oppression nouvelle, devenue intolérable, ra-
mène avec la même cause les mêmes effets.

Dans ce sanglant conflit il n'est plus de ga-
ranties sociales : les lois sont muettes ou foulées
aux pieds ; ce que les citoyens ont de plus cher,
l'honneur, la vie, les biens, tout est perdu ou
compromis ; ce qu'on récompensait hier on le
punit aujourd'hui ; ce n'est plus de la justice
qu'émanent les arrêts ; une force aveugle et
mobile, élève, écrase tour à tour le factieux
et l'homme de bien ; ils expient la faveur populaire d'un jour par le supplice du lendemain :
on traîne au même échafaud, Bailly, Danton,
Malesherbes et Robespierre.

Il n'est dont pas de fléau que je n'acceptasse pour me racheter d'une révolution. Il est des lazarets contre le mal qui répand la terreur ; il n'en est pas contre une épidémie morale , et l'expérience de l'histoire prouve que l'influence de la perversité de certains hommes a une tout autre malignité que celle de l'atmosphère.

Indiquer les causes qui ont produit, perpétué notre révolution , est donc un des moyens de nous préserver à l'avenir d'une semblable calamité , nous saurons d'abord ce que nous devons éviter ; nous verrons ensuite s'il est aussi difficile qu'on le pense d'apprendre ce que nous devons faire.

A vous le travail et les impôts , à nous l'oisiveté et les honneurs , disaient , en 1789 , les corps privilégiés au tiers état. Celui-ci contesta le partage ; le combat s'engagea, on en connaît l'issue ; l'aristocratie succomba : les échafauds et l'émigration attestent sa ruine et sa misère.

O temps d'effroyable mémoire ! Soyez libres, vocifèrent les hommes de 1793. Monstres ! vous vantez la liberté , et sous vos coups tombe son plus ferme rempart, vous portez vos mains sacriléges sur l'inviolable personne du souverain. Vous vantez la liberté , et les cachots re-

gorgent d'innocens , et vous enveloppez dans
une commune proscription, la naissance, la
richesse et le savoir. Vous vantez la liberté et
faites dépendre la vie d'un Français de la
forme de sa coiffure, de la longueur de ses vê-
temens ; vous accusez la lenteur du glaive ;
vous appelez le salpêtre à mutiler , les fleuves
à engloutir vos victimes; vous parlez de liberté , la mort est partout, la liberté nulle part.
Lasse de tant d'horreurs , la providence y met
enfin un terme : bêtes féroces, vous êtes dévorés
par de plus féroces encore. Décimée , couverte
de sang , la France s'élève du milieu de ses
ruines, elle se lève et vous rentrez dans le néant.

Quel spectacle vient frapper mes yeux! il
n'est plus de citoyens, je ne vois que des sol-
dats. La France est transformée en un vaste
camp. Elle marche , elle triomphe, les trônes
s'écroulent, l'Europe tremble, un seul homme
a exécuté ces prodigieux faits. Il a dit : Vous ne
penserez pas, vous combattrez. Nous sommes
nés , moi, pour conquérir, vous pour être l'in-
strument docile de mes conquêtes. A nos yeux
éblouis, apparaît le brillant fantôme de la
gloire ; intrépide, le Français se précipite sur ses
pas. En vain la patrie fait entendre sa voix , les
clairons l'étouffent, et dans l'ivresse des faveurs

d'une maîtresse infidèle, nous délaissons notre mère en deuil.

La violence n'a qu'un temps ; le droit seul est de toute éternité. Idée consolante et chère ! ce que cette violence avait édifié ; la force, aidée du droit, l'a renversé dans des torrens de sang. Il tombe paralysé, ce colosse, dont la puissance gigantesque avait menacé l'indépendance européenne ; il tombe et nous payons du plus pur de notre sang son ambition et sa tyrannie. De glorieux souvenirs nous restent, ils est vrai, mais vingt années de victoires valent-elles une année de bonheur ?

Sur l'esquisse des gouvernemens dont je viens de parler, il me paraît facile d'assigner la cause de leur chute. Elle est commune à tous. Tous ont voulu la liberté pour eux et leurs adhérens, c'est-à-dire, oppression pour tout ce qui n'était pas eux. Tous ont substitué leur intérêt particulier à l'intérêt général. Une définition des mots parti, faction, me semble propre à justifier cette assertion.

La divergence d'opinions sur les moyens d'arriver à un but avoué conforme à l'intérêt général constitue les partis : il peut, il doit donc y avoir des partis dans un état libre. Ils sont sans dangers, car, quelque que soit l'opinion qui

l'emporte, vous atteignez toujours au but pro-
posé. Que ce but change, que les partisans
d'une opinion se fassent les hommes d'un
homme, d'une caste, il n'y a plus parti, il y a
faction. Tout est péril alors parce que tout est
combat; les intérêts rivaux se heurtent, les hai-
nes s'allument, l'état est ébranlé. Ce péril s'ac-
croît des succès même de cette faction. Les intérêts généraux prévalent enfin; la faction est
détruite, mais les convulsions qui ont accom-
pagné sa marche survivent à sa défaite.

Voulait-il le bien de tous, celui qui préten-
dait pour lui seul la liberté de ravager, de sub-
juguer l'Europe, de couvrir la France de muets,
de veuves et d'orphelins? Voulaient-ils le bien
de tous, ceux qui ont souscrit ses actes tyranni-
ques, qui ont fait plus, qui y ont applaudi? non
sans doute; il y a donc eu faction impériale.

Était-ce pour le bien de tous que les san-
glans niveleurs de 1793 voulaient faire des
Français un peuple d'artisans, en égorger une
partie pour tyranniser l'autre? non sans doute;
il y a donc eu faction jacobine.

Le bien général enfin demandait-il l'immu-
nité des impôts, la corvée, le maintien de ce
système d'exclusion et de réprobation qui pe-
sait sur le tiers état; tous ces priviléges dont

1789 nous a délivrés? pas davantage ; il y a donc
eu faction aristocratique. A ce sujet observons
néanmoins que cette faction est infiniment
moins coupable que les autres ; elle a défendu
des prérogatives qui avaient la sanction du
du temps à défaut de celle de la justice. Que
d'usurpations le temps n'a-t-il pas consacrées !

A ces mémorables exemples de l'abus du pouvoir, reconnaissons qu'il n'y aura de gouvernement stable en France que celui qui puisera sa
force dans les intérêts de la majorité. L'aristocratie, la monarchie absolue, ne sont plus à
craindre ; ce que l'affreuse énergie des jacobins,
ce que le génie despotique de Napoléon n'a pu
faire, nul ne l'entreprendra impunément.

On demande souvent si on pouvait éviter la
révolution. A cela je réponds : Supprimer l'imprimerie, lacérer tous les livres, défendre sous
peine de mort à tout plébéien de savoir lire,
de posséder un arpent de terre, l'abrutir pour
l'asservir, nous ramener au dixième siècle, tels
étaient les moyens d'éviter la révolution, je
n'en connais pas d'autres. Que faire d'hommes
qui connaissent et discutent leurs droits natu-
rels ; qui s'avisent d'aimer leur patrie, qui osent
prétendre aux emplois, aux honneurs que leur
mérite leur rend propres ; qui disent aux exclu-

sifs : Nous sommes ce que vos ancêtres ont été ?
Ces hommes ne sont bons qu'à être libres ; les
lumières appellent la liberté.

D'où vient la diversité des jugemens que tant
de bons esprits portent sur la révolution ? c'est
l'œuvre d'Oromaze, dit l'un ; c'est celle d'Ari-
mane, répond l'autre. J'attribue cette diversité
aux différens points de vue sous lesquels chacun
envisage la question. Il faut dans la révolution distinguer soigneusement deux choses, la
fin et les moyens. J'aime, je bénis la révolution en tant qu'elle abolit les priviléges; qu'elle
proclame l'égalité des droits, la liberté des cul-
tes : voilà la fin. Elle est conforme à l'esprit
du siècle, aux lois immuables de la justice; elle
élève l'homme, elle inspire l'amour de la patrie, la haine de la tyrannie, le respect des opinions et des propriétés, elle resserre les liens
sociaux, elle est la source des belles et des
grandes actions.

Le régicide, la terreur, le despotisme impé-
rial, voilà les moyens: je les abhorre.

Mais, quel homme de bonne foi osera affir-
mer que des moyens aussi odieux sont insépa-
rables d'une si noble fin ? La raison, le bon
droit ne peuvent-ils triompher que par des as-
sassinats? Quel blasphème ! La raison persuade;

elle n'opprime et n'égorge pas. Avouons-le ; elle a voulu la fin : les moyens sont l'œuvre des factions.

Je le répète, réprimer les factions, gouverner dans l'intérêt de tous, sont les seules voies de bonheur et de stabilité ; liberté, égalité devant la loi, voilà cet intérêt.

Ne croyons pas, toutefois, que la déclaration de ces principes, que la possession d'un gouvernement qui respecte nos franchises, suffisent pour fonder une liberté durable ; n'attribuons pas à des mots, n'attendons pas d'un gouvernement une puissance magique qu'ils ne peuvent avoir.

Qui ne voit, en effet, qu'un gouvernement subit invinciblement l'influence des vertus et des vices du peuple qu'il régit ; qu'il ne peut pas plus river les fers de celui qui veut être libre, que donner la liberté à celui qui est amolli et corrompu ? Rome, l'Helvétie, la Hollande ont brisé le joug des Tarquin, des Albert, des Philippe. Agis et Cléomène ont vainement tenté de ranimer la liberté mourante de Sparte ; et les vertus des Titus, des Antonin, des Marc-Aurèle n'ont pu faire revivre les beaux jours des Fabricius et des Scipions. La liberté comme l'esclavage d'un peuple sont

toujours son ouvrage. Est libre qui le veut ;
reste esclave qui mérite de l'être. Toutes décla-
rations de droits seront vaines, l'action du gouvernement impuissante, la liberté perdue, si,
par insouciance ou par égoïsme , nous négli-
geons ou méprisons ces droits ; si , faute de
comprendre la liberté et les devoirs civiques
qu'elle impose, nous la regardons comme un
bien acquis à titre gratuit , tandis qu'il l'est à
titre onéreux ; si nous l'invoquons en haine de
tout frein , et non par amour de l'ordre et de
la justice ; si nous oublions, enfin , que remplir ces devoirs est la condition expresse de
l'exercice de nos droits.

Nous voulons fonder la liberté : sûrs de l'ob-
tenir en nous en rendant dignes , apprenons
donc à pratiquer les vertus qui peuvent seules
nous en assurer la jouissance.

Nous reposerons-nous sur les lois, sur ces
œuvres des hommes, périssables comme eux,
du soin de nous instruire, de garantir de toute
atteinte un bien que nous voulons impéris-
sable ? je ne le pense pas.

S'il était vrai qu'elles eussent cette efficacité,
quel bonheur eût été le nôtre depuis trente
ans ! Quatre constitutions successives nous ont
été données : toutes proclamaient les droits

imprescriptibles de la nation ; toutes ont été jurées ; toutes ont été violées. Nous avons entassé lois fondamentales sur lois transitoires, lois d'exception sur lois restrictives, lois organiques sur lois réglémentaires ; rien ne nous a manqué que des lois fixes et conséquentes : force est à nous de reconnaître leur impuissance.

Ce pouvoir qu'elles n'ont pas, je le trouve dans de bonnes mœurs, dans les principes de la morale, éternels comme leur auteur. En effet, l'on m'accordera, je pense, que les lois sont l'expression des vœux, des mœurs d'un peuple ; donc les mœurs sont préexistantes aux lois ; donc les mœurs les font et ne sont pas faites par elles. S'il faut une autorité à l'appui de cette opinion, Solon est là pour convaincre les incrédules. Il n'est, de soi, ni bonne ni mauvaise constitution, absolument parlant ; ses défauts, ses avantages sont essentiellement relatifs. Lois, gouvernemens, tout s'établit, tout se modifie, tout change selon les temps, les climats et les mœurs. Rome pauvre et guerrière, fleurit sous la république ; Venise commerçante, sous l'oligarchie ; l'Asie indolente est envahie, rampe et se tait sous des despotes ; où combattaient les Samnites, fuient les Napolitains : partout, en tout temps, se fait sentir l'irrésistible empire des mœurs ; partout des mœurs pures enfantent la liberté ; partout la corruption traîne l'esclavage à sa suite.

Et d'ailleurs, qu'ils sont secs et arides les préceptes de ces lois, comparés à ceux de la morale ! Qu'on me montre celles qui font un devoir de la commisération, de la bienfaisance, de la grandeur d'âme, de l'amour de son pays ; toutes disent : Je défends le crime ; la morale dit : Je commande la vertu.

Détournons donc nos regards de ce dédale de lois ; adressons-les plus haut. Invoquons pour notre chère France ce principe de tout bien, la divine morale ; apprenons à son école à connaître, à remplir nos devoirs ; ranimons en nos cœurs le souvenir des vérités que sa main bienfaisante y a gravées ; qu'elle nous donne la liberté en nous rendant meilleurs.

Je me garderais bien d'aborder la question de la régénération des mœurs, s'il fallait, pour la résoudre, me livrer à de hautes considérations morales qui passent la portée de mon esprit ; je la traite, parce qu'elle me paraît n'exiger que les simples lumières du sens commun. Si je n'écrivais que pour ceux en qui une bonne éducation a fortifié les dispositions d'un heu-

reux naturel, ma tâche serait courte et facile :
ils comprennent la morale dans toute sa pu-
reté ; ils savent la pure volupté qui fait goûter
une bonne action, les remords rongeurs qui
s'attachent au crime ; ils pensent, ils agissent
en présence d'un Dieu rénumérateur et ven-
geur. Mais, helas ! tels ne sont pas tous les
hommes ; il faut les prendre comme ils sont,
avec leurs passions et leurs vices ; il faut ad-
mettre que leur intérêt est par eux préféré à
tout autre : et comme ils ne peuvent s'élever
à la sublimité de la morale, il faut qu'elle s'a-
baisse jusqu'à eux; qu'elle devienne l'auxiliaire
éclairée de leur égoïsme ; que, des considérations terrestres de cet égoïsme, elle tire, par
un heureux artifice, une force de persuasion
qui, à leur insu, leur fasse suivre et chérir
ses lois ; qu'elle dirige au moins vers un but
louable les penchans vicieux qu'elle ne peut
détruire.

Développer, rendre populaire cette grande
vérité, que rien n'est utile que ce qui est juste ;
que l'intérêt de tout homme est d'être bon ;
qu'il n'y a que de la sotisse à être méchant :
voilà le moyen d'arriver à ce but.

Ce n'est pas par des maximes isolées que
vous persuaderez le commun des hommes,

mais par des faits qui parlent plus haut que des sentences. On conteste l'autorité d'un homme, celle des faits est irréfragable.

Qu'on me permette d'insister, et de signaler, entre mille, quelques-uns des bienfaits sociaux qui jaillissent de cette source féconde. Dites aux hommes : Vous ne déroberez point, vous ne tuerez point ; vous secourerez vos semblables, vous n'exciterez pas de sédition ; vous aimerez votre patrie ; vous soutiendrez votre gouvernement.

Ils pourront vous répondre : Nous n'en ferons rien ; il est de notre intérêt de dérober et de tuer ; il nous est plus commode de penser à nous qu'à nos semblables ; nous tirerons avantage de la sédition ; que nous importe et notre patrie et notre gouvernement ?

Mais dites leur : Le droit que vous vous arrogez de dérober et de tuer, vous le conférez à tout autre. Aujourd'hui vous êtes voleurs et assassins, demain vous serez volés et assassinés ; qu'y gagnerez-vous? Et ils s'abstiendront du vol et de l'homicide. Offrez à leurs yeux des exemples frappans des vicissitudes de la fortune ; montrez-leur le pauvre devenu riche et celui-ci en proie à la misère : un juste retour sur eux-mêmes les rendra compatissans.

Prouvez-leur, l'histoire à la main, qu'au jeu sanglant des séditons ils n'ont pour eux que la honte et les périls. Réussissent-elles? ils ont cimenté de leur sang l'élévation de quelques ambitieux. Échouent-elles? grands et petits payent de leur tête leur criminelle entreprise. Ils ouvriront les yeux et craindront les séditions.

Déroulez les annales des peuples; montrez-leur tout ce que l'amour de la patrie a produit de grand, de beau, d'utile; qu'ils y voient surtout que sans cet amour il n'est pas de liberté possible. Peignez les guerres civiles, les irruptions, le despotisme, l'abjection, tous les désastres qui suivent la perte de ce bien précieux, ils concevront que dans le naufrage des intérêts publics périssent les intérêts particuliers. Que dis-je? ils sont Français; au nom sacré de la patrie ils sentent et ne raisonnent pas. Elle parle; tout palpite, tout s'embrase; à sa voix des millions de voix répondent; tous jurent de vivre et de mourir pour elle; ils le jurent, elle en tressaille de joie, les factions et l'étranger pâlissent.

On ne soutient que les gouvernemens qu'on aime. Ce sera donc peu de leur retracer les déchiremens qui accompagnent et suivent leur

renversement, de les convaincre qu'il en est
peu de nouveaux qui ne fassent regretter ceux
qui les ont précédés. Vous ferez plus, vous ferez valoir l'excellence de leur gouvernement ;
vous rapporterez ses titres à leur amour. C'est
donc ici le lieu d'examiner cette question dans
l'intérêt de la France.

Il n'est pas de composition avec quiconque
méprise également la mort, la morale et les
lois. Tel est l'homme qui aspire au rang su-
prême, cet éternel objet de la convoitise des
ambitieux de tous les pays. La grandeur du prix
dont il se flatte excite son audace ; il faut qu'il
règne ou qu'il meure ; et cependant le peuple
subit les chances désastreuses de cette alterna-
tive. Triomphant, l'usurpateur opprime : pas
d'usurpation sans esclavage ; triomphant ou
vaincu, des jours de carnage et d'horreur
éclairent sa victoire ou sa mort.

Reconnaissons donc qu'il n'est ni repos ni
liberté durable, aussi long-temps qu'un sujet
pourra nourrir ce coupable espoir.

Il le nourrira cet espoir sous un gouvernement populaire qui passe de la liberté à la licence, de la licence à l'anarchie, de l'anarchie
au despotisme.

Il le nourrira sous une monarchie élective,

où le choc des ambitions rivales, les factions, les guerres civiles, signalent l'avénement de chaque souverain.

Il le perdra sans retour sous une monarchie héréditaire et constitutionnelle, où les droits de succession au trône seront clairement, irrévocablement fixés, où la loi fondamentale de l'état, ceignant d'un mur d'airain la dignité royale dira à tous : « Tu n'arriveras pas là; c'est » l'arche sainte, qui la touche tombe frappé » de mort. »

Que de maux épargne, que de bienfaits dispense le monarque héréditaire ! Tranquille, inviolable, sûr de son pouvoir, immortel, il médite, poursuit, exécute les plus salutaires projets. Sans crainte comme sans espérance, ce qu'il est il le sera toujours. Ange tutélaire, il exerce sans partage l'initiative du bien et le véto du mal ; les grâces, les bénédictions annoncent sa présence ; à son aspect auguste la mort n'a plus de faux ; impuissantes, les ambitions expirent ; ces mêmes lois qui limitent son pouvoir en garantissent la perpétuité ; il les respecte, il les fait respecter ; il sait qu'elles font sa force, sa gloire, son inviolabilité, le bonheur de son peuple ; il les rend fixes comme sa puissance ; comme il n'a rien à gagner, il n'a

rien à prétendre ; impassible, il est le protec-
teur nécessaire, intéressé des droits de son
peuple, il est le premier rempart de la liberté.
Heureux l'un par l'autre, ce peuple et lui sont
solidaires de la prospérité publique. Ses yeux
satisfaits cherchent en vain des rebelles, il ne
voit que des enfans : rebelles et tyrans sont
fruits d'un même terroir.

Tel est le monarque héréditaire ; bénissons-
le, défendons-le jusqu'au dernier soupir. A
notre respect pour lui on mesurera notre
amour pour la liberté.

Et vous, précepteurs nés des nations, légis-
lateurs de tous les instans, magistrats, publi-
cistes, pères de famille, remplissez l'honorable
tâche que vous impose la patrie. Éclairez, éclairez le peuple pour le rendre meilleur. Empa-
rez-vous de la génération qui s'avance ; dites-
lui les fautes de ses pères ; fécondez en son
cœur le germe des vertus qui font les hommes
libres. Parlez-lui de ses droits, parlez-lui plus
encore de ses devoirs ; qu'elle confonde dans
son amour la France et le souverain ; qu'elle
apprenne enfin de vous qu'il n'est pas de biens
sans liberté, de liberté sans lois, et de lois sans
morale.

FIN.

www.ingramcontent.com/pod-product-compliance
Lightning Source LLC
Chambersburg PA
CBHW060720280326
41933CB00012B/2501